数字

デイビッド・E・マクアダムズ作

著作権 © 2025 年。Life is a Story Problem LLC。無断複写・転載を禁じます。本作業の一部または全部を、著作権者の明示的な書面による同意なしに、いかなる手段によっても複写、保存、または送信することはできません。

デイビッド・E・マクアダムズ − 1

これらは数字です。数字は私たちが世界を理解する助けとなります。

デイビッド・E・マクアダムズ − 3

私たちは、数字を使って私たちの世界の物事を説明します。

デイビッド・E・マクアダムズ − 5

数字は「いくつあるか」を教えてくれます。絵の中にナシは何個ありますか？

ナシは 2 個あります。

2 は数字です。

デイビッド・E・マクアダムズ – 7

絵の中で笑っている子供は何人いますか？

笑っている子供は3人です。

3は数字です。

デイビッド・E・マクアダムズ − 9

数字は「いつか」を教えてくれます。お父さんが帰ってくるのは何時ですか？

お父さんは5時30分に帰ってきます。

5時30は数字です。

デイビッド・E・マクアダムズ – 11

寝る時間はいつですか？

寝る時間は8時です。

8時は数字です。

デイビッド・E・マクアダムズ – 13

数字は「どれくらい」を教えてくれます。ケーキを作るのに小麦粉がどれくらい必要ですか？

ケーキを作るには小麦粉が300グラム必要です。

300は数字です。

デイビッド・E・マクアダムズ – 15

数字は「どのくらい長いか」や「どれくらい遠いか」を教えてくれます。
あなたの自転車の長さはどのくらいですか？

デイビッド・E・マクアダムズ – 17

学校まではどのくらいの距離ですか？

1
2
3
4
5
6
7
8
9

デイビッド・E・マクアダムズ − 19

私たちは正しい数字を見つけるために数えます。1から数え始め、すべてを数え終わるまで数え続けます。

デイビッド・E・マクアダムズ − 21

子豚を数えてみましょう。絵の中に子豚は何匹いますか？

デイビッド・E・マクアダムズ – 23

カブトムシを数えてみましょう。絵の中にカブトムシは何匹いますか？

デイビッド・E・マクアダムズ – 25

もし数えるものが少なければ、
その数は小さいです。

3

3 は小さい数字です。

デイビッド・E・マクアダムズ – 27

もし数えるものが多ければ、その数は大きいです。空にはたくさんの星があります。空の星の数は大きいです。

1 グーゴル ＝

1,0000,0000,0000,0000,0000,0000,0000,0000,0000,0000,0000,0000,0000,0000,0000,0000,0000,0000,0000,0000,0000,0000,0000,0000,0000

グーゴルは非常に大きな数です。

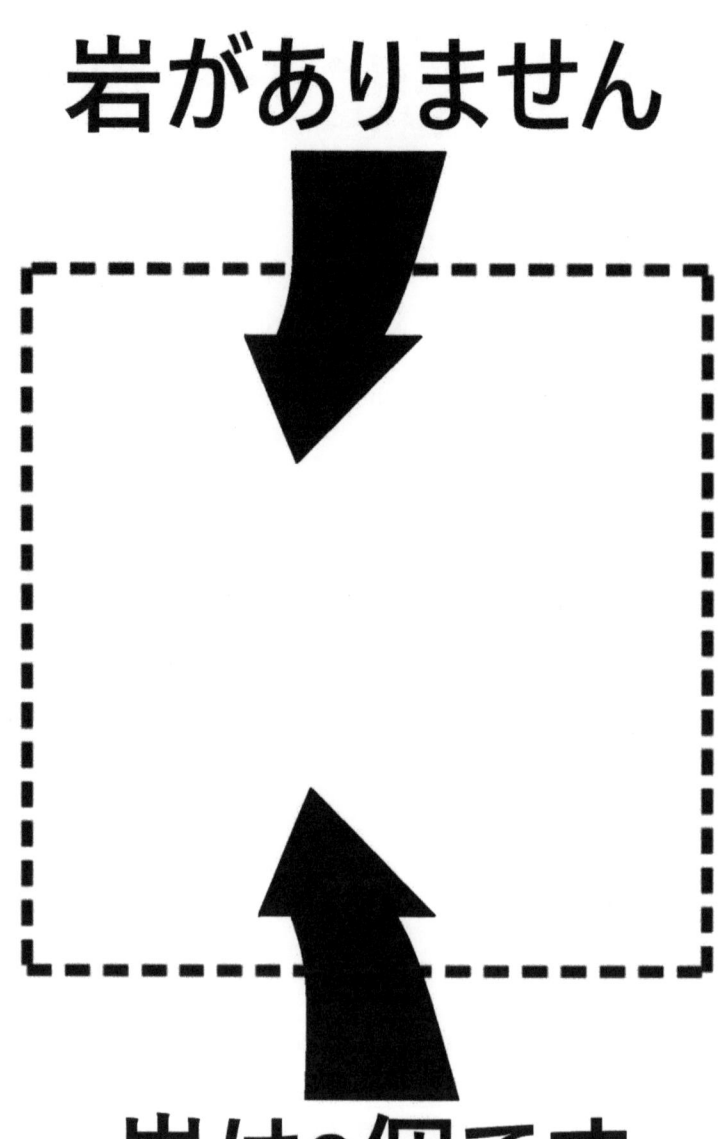

デイビッド・E・マクアダムズ – 31

絵の中に岩はいくつありますか？
絵の中に岩はありません。絵の中に岩がないので、岩の数は0です。

0	ゼロ
1	一
2	二
3	三
4	四
5	五
6	六
7	七
8	八
9	九
10	十

私たちは数字を数字または文字で書くことができます。数字は0、1、2、3、4、5、6、7、8、9です。数字1の文字は「一」です。数字2の文字は「二」です。

デイビッド・E・マクアダムズ – 35

私たちは、数字を使って私たちの世界の物事を説明します。

「実践活動：数えるコンテスト」

1. 家庭内のさまざまな物の名前を小さな紙片に書きます。
2. 紙片をすべて箱に入れます。
3. ゲームに参加する各人が箱から1枚の紙を引きます。
4. それぞれの参加者が、選んだ物をできるだけ多く数えるために5分間与えられます。

知っておくべき言葉

- 数える
- 数字
- グーゴル
- どれくらい遠いか
- どれくらい長いか
- いくつ
- どれくらい
- 漢字
- 何もない
- 数
- いつ
- ゼロ

デイビッド・E・マクアダムズのその他の本

オウムの色彩 – オウムのイラストを使って色の概念を紹介する。本書は幼児向けです。

花の色彩 – 花のイラストを使って色の概念を紹介する。本書は幼児向けです。

宇宙の色 – NASAの写真を使って色の概念を紹介する。本書は幼児向けです。

形 – 幾何学的な形の紹介。本書は幼児向けです。

数字 – 数の概念を紹介する。本書はK–2学年向けです。

何より大きいものは何ですか？（無限） – 無限の概念を紹介する。本書は6歳から8歳向けです。

ブランコセット（集合論） – ブランコを例にした集合論の入門書。対象年齢：7歳から10歳。

One Penny, Two（英語で） – ジェリーの1セントが毎日倍になると、どれくらいで暗緑色のスポーツカーが買えるようになるか？ 8歳から12歳向けです。

遊びのお金を使った学習キット – 1,000,000ドル以上の遊びのお金で大きな数と数え方を学ぶ。**Monster Creatures of the Deep Sea**（英語で） – 海の最深部とそこに住む生物を探求する。

私のお気に入りのフラクタル（第1巻、第2巻） – 高解像度画像で紹介された素晴らしいフラクタルの絵本。すべての年齢層向け。

All Math Words Dictionary（英語で） – 中学数学、代数、幾何学、前計算の学生のための数学辞典。

円周率の最初の百万桁 – 円周率の最初の百万桁。すべての年齢層向け。

オイラーの数（e）の最初の百万桁 – オイラーの数eの最初の百万桁。すべての年齢層向け。

2の平方根の最初の百万桁 – 2の平方根の最初の百万桁。すべての年齢層向け。

最初の十万個の素数 – 最初の十万個の素数。すべての年齢層向け。

展開図 プロジェクト集 – 80 の幾何学的ネットをコピーして切り取って、テープで貼り合わせて 3 次元の多面体を作ります。9 歳以上向け。

幾何学的ネットメガプロジェクトブック – 253 の幾何学的ネットをコピーして切り取って、テープで貼り合わせて 3 次元の多面体を作ります。9 歳以上向け。

最新のリストについては、https://www.DEMcAdams.com をご覧ください。

www.ingramcontent.com/pod-product-compliance
Lightning Source LLC
LaVergne TN
LVHW071959060526
838200LV00010B/235